TEXTUS ET STUDIA HISTORICA CARMELITANA

VOL. XXXVI

TEXTUS ET STUDIA HISTORICA CARMELITANA
VOL. XXXVI

BALBINO VELASCO. O.CARM. FEDERICO MIGUEL. O.CARM.

HISTORIA GRÁFICA DEL CARMELO IBÉRICO

EDIZIONI
CARMELITANE

Collana: Textus et Studia Historica Carmelitana, 36

EDIZIONI CARMELITANE
Via Sforza Pallavicini, 10
00193 Roma, Italia
edizioni@ocarm.org

ISBN: 978-88-7288-141-5
ISSN: 0394-7793

Finito di stampare nel mese di Aprile 2014
dalla tipografia Abilgraph srl – Roma

ÍNDICE

PRESENTACIÓN

Arte y piedad, piedad y arte constituyen una sinfonía admirable al dar un vistazo a las láminas de este libro. Lo primero que advertimos es la sensibilidad que tuvo la Orden del Carmen, al contratar los servicios de arquitectos, escultores, pintores y orfebres de renombre, para levantar sus fábricas conventuales o enriquecer sus templos con obras de arte que sirvieran de punto de mira para fomentar la devoción de los fieles.

En los tiempos medios y comenzando por la arquitectura en la Corona de Aragón, se levantaron templos, hasta suntuosos, como el de Manresa de Berenguer de Montagut, como suntuoso fue también el del gran Carmen de Lisboa.

En el período barroco el arquitecto Soria trazó los planos del de Madrid y los carmelitas descalzos Alonso de San José y Diego de la Encarnación, los del que se conoció como Escorial salmantino en la ciudad del Tormes, un monumento protobarroco excepcional. En Andalucía proliferaron especialmente los claustros e iglesias barrocas como en Córdoba, Utrera, etc., si bien no conocemos los nombres de los tracistas. Modernamente a los arquitectos Fisac y Gutiérrez Soto se deben los planos de sendos templos en Madrid.

En el mundo escultórico consta que el célebre Forment fue el autor de los retablos de los conventos de Zaragoza y Valencia. Sobre todo fueron clientes de los carmelitas escultores barrocos, como Gregorio Fernández, los Paz, Alejandro Carnicero, Martínez Montañés, Pedro Roldán, Salzillo... Entre los retablos de este estilo descuella el de Antonio Primo de Antequera. Modernamente quizá la talla más importante sea la Virgen del Carmen de Lapayese, en Valladolid.

En pintura tenemos muestras de lienzos de Pacheco, Velázquez, Murillo, Zurbarán, Alonso Cano, Goya...

En orfebrería la muestra más rica de piezas de arte de los siglos XVII y XVIII se encuentra en el convento de monjas de clausura de Villalba del Alcor (Huelva). La joya moderna más importante es la corona de la Virgen del Carmen de Jerez de la Frontera, de José David. Conocemos también alguna que otra pieza de Granda.

La Historia del Arte en la Península Ibérica, se ha enriquecido apreciablemente desde la historia de la Orden del Carmen y no son pocas las noticias aportadas en esta dirección, como demuestra gráficamente la presente obra.

Hemos de advertir, sin embargo, que el intento de los autores es fundamentalmente histórico, renunciando a la espectacularidad de la fotografía en color. Dicho esto, nos permitimos algunas indicaciones, a modo de orientación. En cuanto a la procedencia de las fotografías hemos preferido no consignarla, porque nos llevaría muy lejos. Algunas de ellas se deben a fotógrafos locales anónimos, otras están tomadas de libros antiguos o grabados adquiridas en librerías de lance, etc. etc. Incluimos las obras de arte también en iglesias de la Tercera Orden, como Salamanca o en Portugal, las de Faro, Beja, Viseu, Funchal o la capilla de Lisboa.

Localizar las obras en la diáspora, sobre todo, después de la exclaustración no ha sido fácil y naturalmente juzgamos que será muy incompleta, pero resulta orientativa.

Advertimos también, a propósito del famoso retablo de Valdés Leal del templo conventual del Carmen de Córdoba que ofrecemos simplemente algunas muestras, así como del pintor contemporáneo Florentino Bocos. O. Carm. Hemos reducido los pies a la mínima expresión y el lector interesado para cualquier duda o ampliación de noticias, puede acudir a obras fundamentales: B. Velasco Bayón, O. Carm., *Historia del Carmelo Español*, 4 vol., Roma, Imstitutum Carmelitanum, 1990-2008; *Historia da Orden do Carmo em Portugal*, Lisboa, Paulinas, 2001.

No ha resultado fácil la selección de fotografías conservadas en decenas de álbumes en el archivo provincial del convento del Carmen de Abajo de Salamanca. Creemos, no obstante, que las más representativas se reproducen en esta obra. Por supuesto, estamos abiertos a cualquier sugerencia, más aun, veremos muy bien que nos señalen los posibles errores y nos envíen otras fotografías de interés para enriquecer el mencionado archivo fotográfico salmantino.

Nota: Vaya nuestro reconocimiento y gratitud a José Rodríguez, Delineante, por su colaboración al distribuir el material fotográfico.

ARQUITECTURA

CATALUÑA . BALEARES

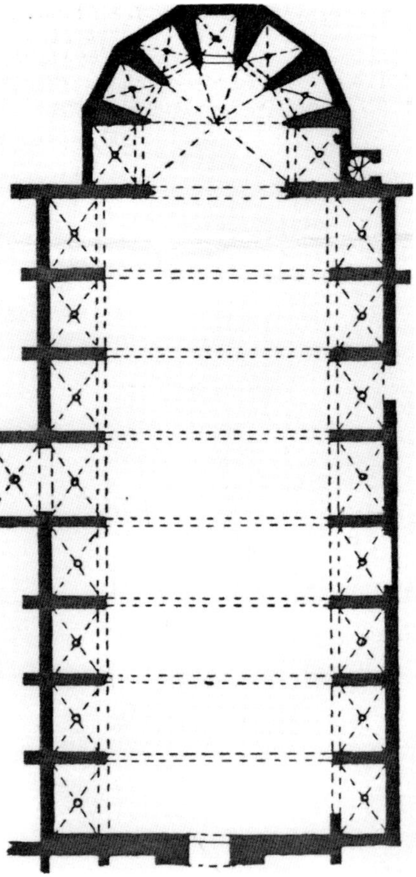

Perpiñán. Plano de la iglesia del Carmen.

Perpiñán. Ábside de la iglesia del Carmen.

Barcelona. Fachada de la iglesia y portería del Carmen.

Barcelona. Restos del claustro gótico del Carmen. Martorell. Museo Santacana.

Barcelona. Iglesia del Carmen en ruinas. C. 1844. Archivo fotográfico del Instituto Municipal de Historia.

Barcelona. Portada de la iglesia del Carmen. Carretera de Badalona.

Peralada (Gerona). Portada de la iglesia del Carmen.

Peralada (Gerona). Interior de la iglesia del Carmen.

Peralada (Gerona). Claustro del Carmen.

Camprodón (Gerona). Interior de la iglesia del Carmen.

Camprodón (Gerona). Portada de la iglesia del Carmen.

Camprodón (Gerona). Restos del antiguo convento.

Manresa. Claustro del convento del Carmen.

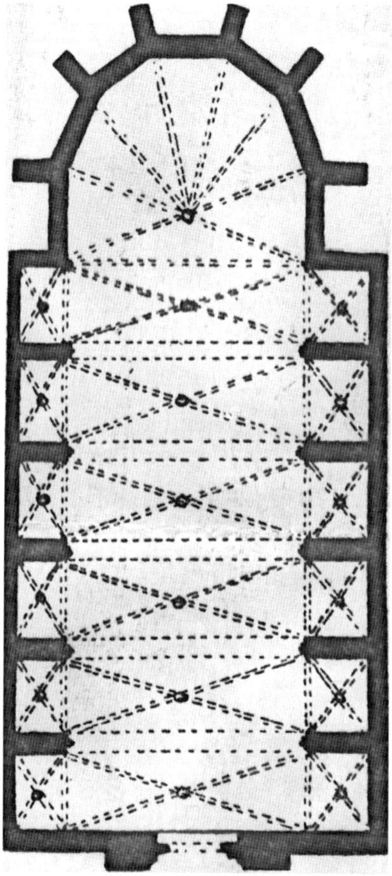

Manresa. Planta de la iglesia del Carmen.

Gerona. Fachada de la iglesia del Carmen.

Valls (Tarragona). Fachada del complejo conventual.

Valls (Tarragona). Claustro del convento.

Tárrega (Lérida). Fachada del convento del Carmen.

Tárrega (Lérida). Claustro del mismo convento.

Salgar (Lérida). Vista general del convento.

Salgar (Lérida). Pared lateral del mismo.

Salgar (Lérida). Fachada de la iglesia del convento del Carmen.

Vich (Barcelona). Vista general del convento del Carmen.

Vich (Barcelona). Fachada del convento.

Vich (Barcelona). Fachada de la iglesia.

Vich (Barcelona). Claustro del convento del Carmen.

Vich (Barcelona). Interior de la iglesia del Carmen.

Vich (Barcelona). Detalle del interior de la misma iglesia.

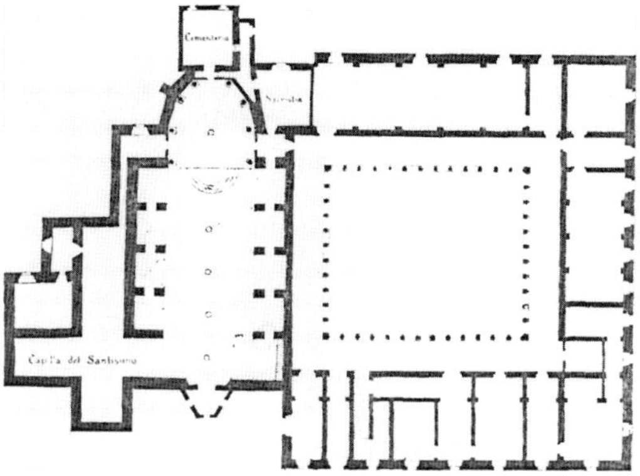

Olot (Gerona). Plano del complejo conventual.

Olot (Gerona). Interior del templo.

Olot (Gerona). Claustro conventual.

Barcelona. Antiguo colegio de San Ángel. Actualmente edificio oficial.

Borjas Blancas (Lérida). Vista general del convento. Desaparecido.

Borjas Blancas (Lérida). Claustro del antiguo convento. Desaparecido.

Mahón. Fachada principal del convento del Carmen.

Mahón. Portada del templo del Carmen.

Mahón. Lateral del templo del Carmen.

Barcelona. Complejo conventual de la parroquia de Santa Joaquina de Vedruna.

Barcelona. Interior del templo de Santa Joaquina de Vedruna.

Tarrasa (Barcelona). Complejo conventual.

Tarrasa (Barcelona). Iglesia parroquial. Ntra. Sra. del Carmen.

Tarrasa (Barcelona). Colegio Ntra. Sra. del Carmen.

ARAGÓN . VALENCIA . NAVARRA

Valencia. Interior de la primitiva iglesia del Carmen

Valencia. Interior de la primitiva iglesia del Carmen

Valencia. Exterior de la iglesia del Carmen. Hoy parroquia de Santa Cruz.

Valencia. Capilla interior
de la iglesia del Carmen

Valencia. Imafronte de la misma iglesia.

Valencia. Claustro renacentista del convento del Carmen.

Huesca. Proyecto del complejo conventual del Carmen (1785).

Sangüesa (Navarra). Iglesia y convento del Carmen.

Zaragoza. Silueta de la torre del antiguo convento del Carmen.

Zaragoza. Interior de la iglesia del Carmen (1808).

Jaca (Huesca). Fachada de la iglesia del Carmen.

Alcañiz (Zaragoza). Portada de la iglesia del Carmen.

Alcañiz (Zaragoza). Interior de la iglesia del Carmen.

Alcañiz (Zaragoza). Claustro del convento del Carmen.

Tudela (Navarra). Fachada
de la iglesia del Carmen.

Tudela (Navarra). Interior
de la iglesia del Carmen.

Gea de Albarracín
(Teruel). Complejo
conventual del Carmen.

Rubielos de Mora (Teruel). Vista exterior de la iglesia del Carmen.

Rubielos de Mora (Teruel). Casa de campo del convento del Carmen.

Rubielos de Mora (Teruel). Claustro del convento del Carmen.

Beniparrel (Valencia). Interior
del convento del Carmen.

Orihuela (Alicante). Vista exterior
de la capilla del Carmen.

Orihuela (Alicante). Oriol
en la capilla del Carmen.

Cox (Alicante). Vista exterior
de la iglesia del Carmen.

Villarreal de los Infantes (Castellón). Vista exterior del complejo conventual del Carmen.

Villarreal de los Infantes (Castellón). Interior de la iglesia del convento del Carmen.

Villarreal de los Infantes (Castellón). Claustro conventual del Carmen.

Onda (Castellón). Vista general del convento del Carmen y museo.

Onda (Castellón). Interior de la iglesia del Carmen.

Onda (Castellón). Museo de Ciencias Naturales.

Caudete (Albacete).
Complejo conventual
del Carmen.

Caudete (Albacete). Claustro conventual del mismo.

Madrid. Calle Ayala.
Iglesia de la fundación
moderna. Desaparecida.

Madrid. Calle Ayala. Fachada de la iglesia
moderna. Arquitecto Gutiérrez Soto.

Madrid. Calle Ayala. Interior
del mismo templo.

Villarreal de los Infantes (Castellón). Claustro de la moderna fundación.

Valencia. Interior de la parroquia de San Isidoro. Fundación moderna.

Zaragoza. Exterior de la iglesia parroquial del Carmen. Fundación moderna.

CASTILLA

Torresandino (Burgos). Vista exterior de las ruinas del convento de Ntra. Sra. de los Valles.

Torresandino (Burgos). Ruinas de la iglesia del mismo convento.

Torresandino (Burgos). Escudo en una de las columnas del convento.

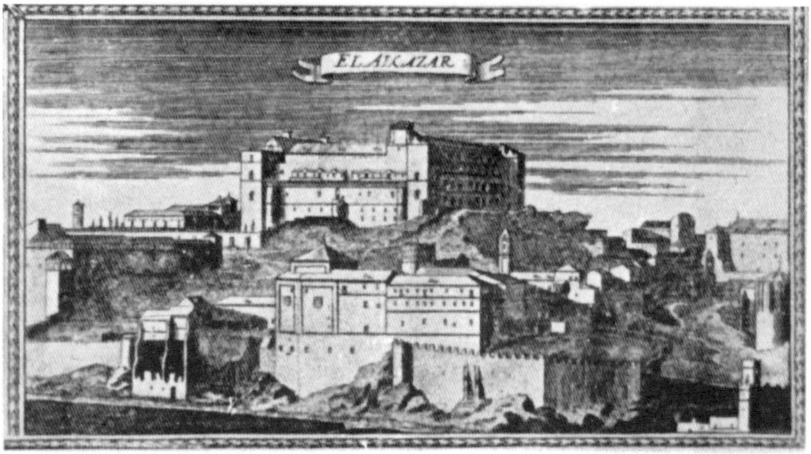

Toledo. Vista exterior del convento, en primer plano.

Ávila. Exterior del convento. Espadaña de la iglesia.

Ávila. Lateral del convento del Carmen.

Cardeñosa (Ávila). Casa de labor del convento del Carmen.

San Pablo de la Moraleja (Valladolid).
Ruinas del convento de carmelitas de
San Pablo.

San Pablo de la Moraleja (Valladolid).
Restos mudéjares del mismo convento.

Requena (Valencia). Interiores de la iglesia del convento del Carmen.

Requena (Valencia). Claustro del convento del Carmen.

Requena (Valencia). Exterior del convento del Carmen.

Medina del Campo. Restos del antiguo convento carmelita de Santa Ana.

Alcalá de Henares. Portadas del complejo conventual del Carmen.

Valderas (León). Vista del complejo conventual del Carmen.

Valderas (León). Interior del mismo.

Segovia. Fachada del convento de carmelitas (fotografía de 1974).

Segovia. Portada del convento de carmelitas (fotografía de 1974).

Valladolid. Fachada del antiguo convento del Carmen (Casimiro González García, Valladolid 1900).

Valladolid. Convento del Carmen. Plano de Diego Pérez Martínez (1788).

Valladolid. Portada de la iglesia del Carmen. Publicada por Juan José González en B.S.A.A., 19 (1952-1953).

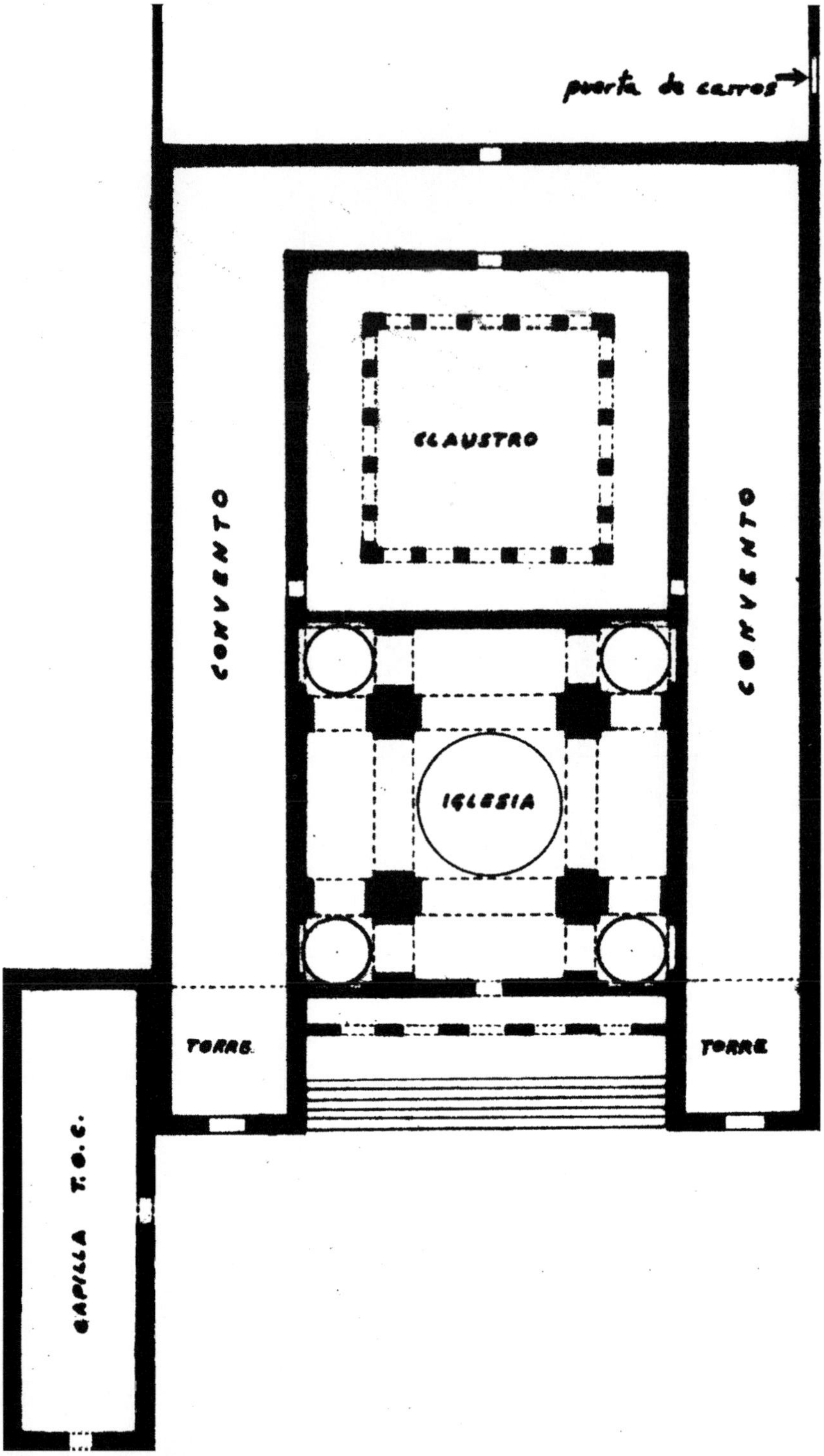

Salamanca. Planta del desaparecido convento e
iglesia de San Andrés. Reconstrucción.

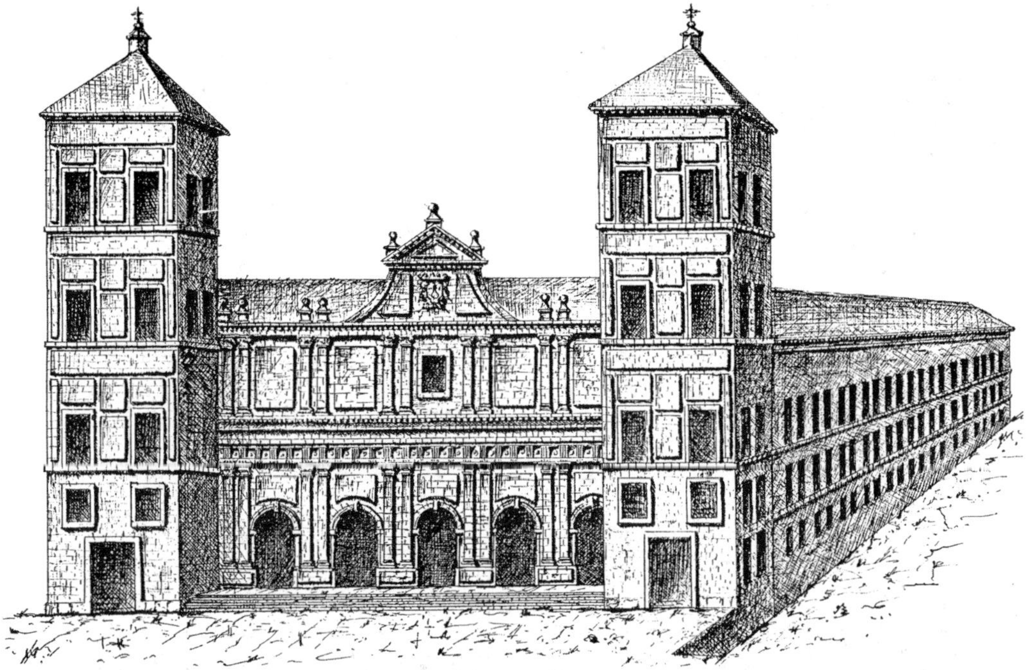

Salamanca. Grabado del s. XIX del desaparecido convento de carmelitas de San Andrés.

Salamanca. Restos del antiguo convento de San Andrés.

Salamanca. Fachada principal de la capilla de la Tercera Orden del Carmen. Obra probable de Miguel de Larra Churriguera.

Salamanca. Escudo en la portada lateral de la misma capilla.

Salamanca. Interior de dicha capilla.

Valdeolivas (Cuenca). Ruinas del antiguo convento del Carmen.

Salamanca. Portada lateral de la capilla de la Tercera Orden del Carmen.

Valdeolivas (Cuenca). Portada del antiguo convento del Carmen. Trasladada a una casa particular de Cuenca.

Madrid. Fachada principal de la iglesia del Carmen (junto a la Puerta del Sol).

Desierto de El Piélago (Toledo). Ruinas
del antiguo convento del Carmen.

Salamanca. Vista general del nuevo convento.

La Alberca (Cuenca). Convento del Carmen.

Madrid. Complejo parroquial Flor del Carmelo.

Santuario de El Henar (Cuéllar - Segovia).

Valladolid. Complejo parroquial Ntra. Sra. de El Henar. Obra del arquitecto Elesio Gatón Gómez.

Valladolid. Residencia conventual de dicha parroquia.

Valladolid. Retablo e interior del templo.

ANDALUCÍA . MURCIA

Gibraleón (Huelva). Fachadas e interior del templo del Carmen.

Sevilla. Claustro de la Casa Grande del Carmen.

Sevilla. Barrio de Santa Cruz. Plaza de Doña Elvira. Fuente en mármol rojo procedente de la Casa Grande del Carmen.

Sevilla. Colegio de San Alberto.
Portada principal.

Sevilla. Claustro del mismo colegio.

Écija (Sevilla). Torre de la iglesia del convento del Carmen.

Écija (Sevilla). Portada principal del mismo convento.

Écija (Sevilla). Interior del templo.

Jaén. Convento carmelita de la Virgen Coronada. Convertido en prisión provincial. Dibujo de Juan de Dios López Jiménez.

Jaén. Portada del mismo convento. Alfonso Sancho (Jaén s. XIX).

Trigueros (Huelva). Vista del complejo del convento del Carmen.

Trigueros (Huelva). Artesonado de la iglesia del mismo convento.

Córdoba. Claustro del convento del Carmen de Puerta Nueva.
Hoy Facultad de Derecho de la Universidad.

Utrera (Sevilla). Claustro del convento del Carmen. Hoy colegio de Salesianos.

Utrera (Sevilla). Interiores del convento del Carmen.

Alcalá de Guadaira (Sevilla). Convento del Carmen e iglesia.

Aracena (Huelva). Vista general
del templo del Carmen.

Aracena (Huelva).
Fachada principal del mismo.

Osuna (Sevilla). Vista general del complejo conventual del Carmen.

Claustro del mismo.

Sillería del coro.

Castro del Río (Córdoba).
Convento del Carmen.
Hoy instituto.

Claustro del mismo.

Templo conventual.

Jerez de la Frontera (Cádiz). Vista general del complejo del convento del Carmen.

Jerez de la Frontera (Cádiz). Claustro del convento del Carmen.

Bóveda del mismo claustro.

Interior del templo.

Antequera (Málaga). Grabado en el que aparece el complejo del Carmen.

Murcia. Fachada del convento del Carmen.

Granada. Fachada del Convento del Carmen.

Claustro del mismo convento.

Alhama (Granada). Complejo del convento del Carmen.

Claustro conventual.

Bóveda de la iglesia.

Córdoba. Portada del colegio carmelita de San Roque.

Carmelo del desierto del Juncal (Cádiz). Ruinas.

Hinojosa del Duque (Córdoba). Claustro del convento-colegio del Carmen. Desaparecido.

Sevilla. Convento del Carmen junto a la iglesia del Buen Suceso.

Madrid. Iglesia parroquial de Ntra. Sra. de Begoña.

Madrid. Interior de la iglesia de la calle Misterios.

PORTUGAL

Moura. Portada del templo.

Claustro del convento.

Interior de la iglesia.

Lisboa. Convento carmelita.

Lisboa. Interior de la iglesia de gran Carmen.

Beja. Iglesia del convento del Carmen.

Vidigueira. Lado norte del convento.

Interior el mismo.

Évora. Convento del Carmen.
Vistas de la fachada del mismo.

Évora. Puerta de la iglesia del Carmen.

Interior del templo.

Setúbal. Iglesia del convento del Carmen.

Interior de la misma.

Colares (cerca de Lisboa).
Vista general del convento
del Carmen.

Portada principal.

Claustro conventual.

Coimbra. Fachada de la iglesia y claustro del convento del Carmen.

Torres Novas. Vista del complejo conventual.

Interior de la iglesia.

Horta (Faial, Azores).
Fachada de la iglesia.

Funchal. Interior de la iglesia.

Penafiel. Iglesia del Carmen.

Faro. Fachada de la iglesia del Carmen.

Interior de la misma.

Viseu. Fachada de la iglesia del Carmen.

Fátima. Casa de San Nuño Álvarez Pereira.

Santo Antonio dos Cavaleiros. Vista general del complejo.

Interior del templo.

Beja. Centro parroquial y social del Salvador.

Ervidel. Centro de bienestar social.

Sameiro-Braga. Seminario carmelita.

Odivelas. Centro parroquial social.

CONVENTOS DE MONJAS . CASAS DE
CONGREGACIONES DE VIDA ACTIVA

Granada. Puerta principal del convento de monjas carmelitas.

Vistas del claustro.

Granada. Claustro alto y bajo del convento de monjas.

Interior del templo.

Antequera (Málaga). Interiores del convento de La Encarnación.

Antequera (Málaga). Interior del templo conventual.

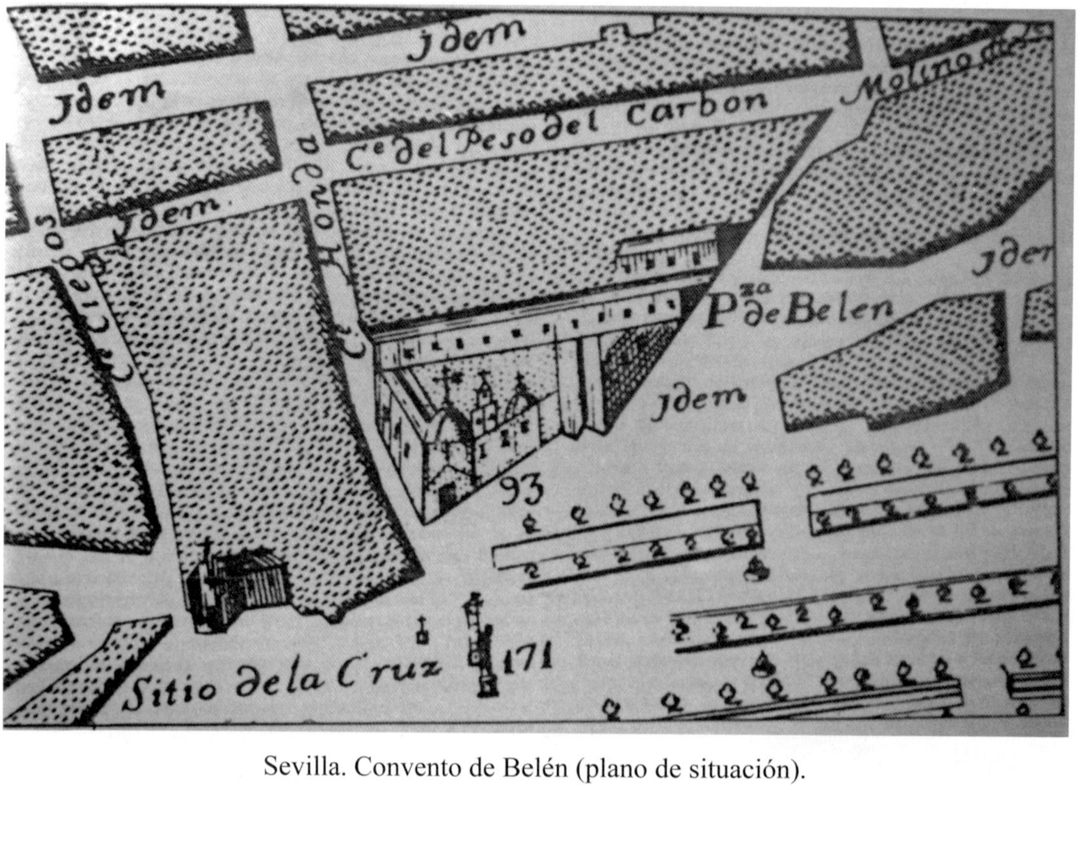

Sevilla. Convento de Belén (plano de situación).

Aracena (Huelva). Convento de Santa Catalina. Vista exterior.

Interiores del claustro.

Osuna (Sevilla). Casas que forman el convento en una calle cortada.

Vista exterior de una de las casas.

Utrera (Sevilla). Portada exterior del convento de carmelitas.

Interior del mismo.

Villalba del Alcor (Huelva).
Convento de San Juan Bautista.
Vista exterior.

Vistas parciales del claustro.

Ávila. Convento de La Encarnación. Vista general.

Claustro interior.

Piedrahíta (Ávila).
Portada principal del
convento.

Interior del convento
visto desde el claustro.

Capilla lateral del templo.

Madrid. Convento de la Baronesa.
Ocupaba parte del Banco de España
en la calle de Alcalá.

Madrid. Vista exterior del antiguo
convento de Maravillas junto a la
plaza del 2 de Mayo.

Madrid. Antiguo convento de Maravillas.

Madrid. Interior del templo conventual. Obra de Juan Gómez de Mora. Hoy parroquia de San Justo y Pastor.

Valencia. Interior del antiguo convento demolido en la Guerra Civil (1936-1939).

Ruinas del estado en que quedó después de la guerra.

Onteniente (Valencia). Vista exterior del convento del Carmen en el que dejó su huella el arquitecto carmelita José Alberto Pina.

Zaragoza. Antiguo convento de La Encarnación. Desaparecido.

Vista lateral del mismo convento.

Huesca. Vista exterior del convento de la Asunción.

Villafranca del Penedés (Barcelona). Claustro del desaparecido convento del Carmen.

Interior del antiguo templo.

Barcelona. Antiguo convento de Las Corts.

Vich (Barcelona). Fachada del antiguo convento.

Bañolas (Gerona).
Convento del Carmen.

Valls (Tarragona). Vista exterior del convento carmelita.

Interior de la iglesia conventual.

Guimarães (Portugal). Fachada del antiguo convento de monjas carmelitas.

Interior del templo.

Tentúgal (Portugal). Fachada principal del convento de carmelitas.

Detalle de la puerta principal.

Moncorvo (Portugal). Claustro del convento de carmelitas.

Portada del mismo.

Madrid. Fachada del convento de Maravillas (1904).

Madrid. Interior del templo de Maravillas.

Coro bajo el templo.

Claustro conventual.

Valencia. Nuevo convento de La Encarnación.

Zaragoza. Vista exterior del nuevo convento junto a la Puerta del Carmen.

Claustro conventual.

Villafranca del Penedés (Barcelona). Nuevo complejo conventual.

Barcelona. Interior del nuevo convento (c/ Panamá).

Tárrega (Lérida). Interior de la iglesia del convento de carmelitas del "Amor Divino".

Orihuela (Alicante). Casa Madre de la Hermanas de la Bienaventurada Virgen María del Monte Carmelo.

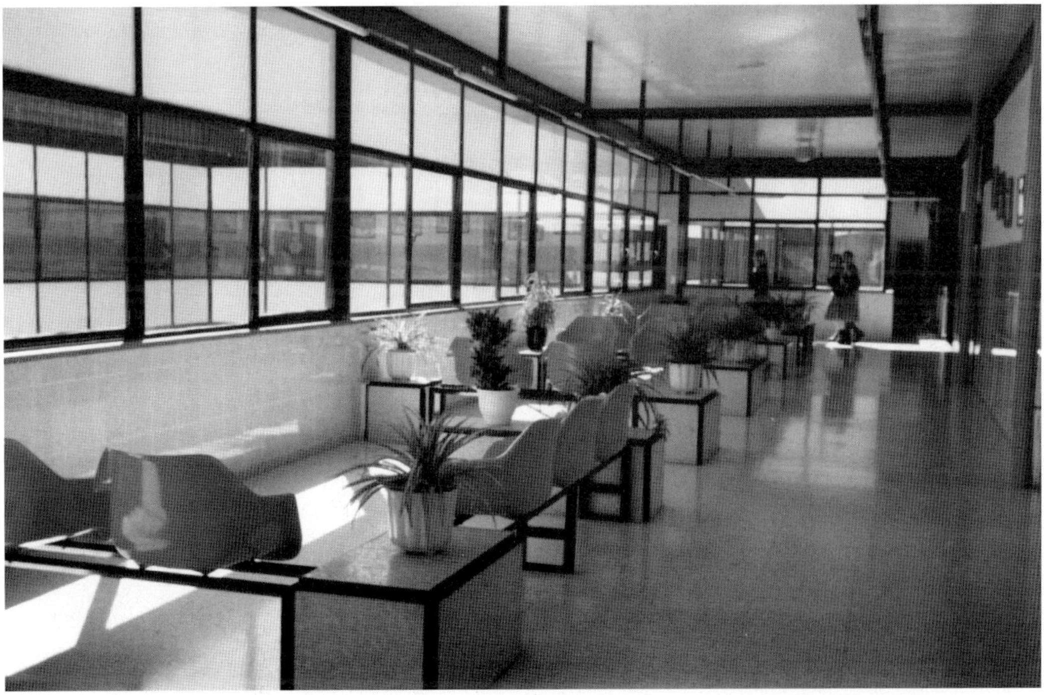

Orihuela (Alicante). Colegio del Carmen de la misma congregación.

San Juan (Alicante). Colegio de las Hermanas carmelitas.

Patio del mismo colegio.

Málaga. Exterior de la Casa del Limonar (Hermanas Carmelitas del Sagrado Corazón de Jesús).

Patio de la Casa del Limonar.

Interior de la capilla del Limonar, donde reposan los restos de la Madre Asunción. Arquitecto Fernando Murillo.

Málaga (Churriana).
Residencia Monsalve. HH.
Carmelitas del Sagrado
Corazón.

Interiores de la misma
residencia

ESCULTURA

CATALUÑA . ARAGÓN . VALENCIA . NAVARRA

Barcelona. Museo de Escultura. La Virgen y el Niño en alabastro (s. XIV).
Procedente del antiguo convento del Carmen.

Barcelona. Museo de Escultura. Ménsula gótica procedente del convento del Carmen.

Barcelona. Retablo del Altar mayor, según la reforma del s. XIX. Cayetano Barraquer y Roviralta, *Los religiosos en Cataluña durante el primer tercio del s. XIX*. Barcelona, I, 1915.

Palma de Mallorca. Iglesia del hospital. Imagen en alabastro.
Procedente del antiguo convento del Carmen.

Palacio de Peralada (Gerona).
Calvario.

Tárrega (Lérida). Escudo en piedra en el claustro.

Gerona. Retablo de la iglesia del Carmen.

Borjas Blancas (Lérida).
Retablo del antiguo convento del Carmen.

Manresa (Barcelona). Retablo de la iglesia del Carmen.

Vich (Barcelona). Retablo
de la iglesia del Carmen.

Valls (Tarragona). Retablo
de la iglesia del Carmen.

Olot (Gerona). Retablo
de la iglesia del Carmen.

Barcelona. Museo Federico Marés. Virgen del Carmen y almas del Purgatorio. S. XVIII.
¿Procedente del Carmen de Manresa?.

Olot (Gerona). San Franco de Sena.
Talla barroca.

Jaca (Huesca). Retablo de la iglesia del Carmen.

Alcañiz (Teruel). Retablo
de la iglesia del Carmen.

Jaca (Huesca). Detalle de la portada de la iglesia del Carmen.

Jaca (Huesca). Virgen del Carmen y San Simón Stock.

Sangüesa (Navarra). Retablo mayor
de la iglesia del Carmen.

Tudela (Navarra). Retablo mayor
de la iglesia del Carmen.

Tudela (Navarra). Virgen del
Carmen y San Simón Stock.

Zaragoza. Iglesia parroquial del Carmen. Cristo Crucificado.
Posible obra de Pedro Salado (1662).

Valencia. Antigua iglesia del Carmen.
Capilla de la Virgen del mismo nombre.

Caudete (Albacete). Antiguo retablo de la iglesia del Carmen. Destruido en la Guerra Civil (1936-1939).

Beniparrell (Valencia). Retablo del convento de Santa Bárbara.

Orihuela (Alicante). Iglesia de las HH. de la Bienaventurada Virgen María del Monte Carmelo. Imagen del Carmen. Salzillo.

Orihuela (Alicante). Iglesia de MM. Agustinas de Clausura. Relieves procedentes del antiguo coro de la iglesia del Carmen. Obra del tallista Juan Bautista Borja.

Zaragoza. Iglesia parroquial del Carmen.
Cristo Crucificado de José Luis Sánchez.
Cemento imitando bronce.

Zaragoza. Imagen de la Virgen del
Carmen y del mismo autor.

Valencia. Iglesia parroquial de San Isidoro. Cristo Crucificado. José Luis Roig.

Barcelona. Parroquia de Santa Joaquina de Vedruna. Virgen con el Niño. Tomás Bel.

Santo Cristo. En el mismo lugar y del mismo autor.

Olot (Gerona). Iglesia de PP. Carmelitas.
Santa Teresa en alabastro.

Tarrasa (Barcelona). Templo parroquial de PP. Carmelitas. Virgen del Carmen. Domingo Fita.

Barcelona. Parroquia de Santa Joaquina de Vedruna. Virgen del Carmen. Tomás Bel.

CASTILLA . ANDALUCÍA

Valladolid. Museo diocesano. Llanto sobre el Cristo muerto.
Escuela hispano-flamenca. Procedente del convento del
Carmen de San Pablo de la Moraleja.

Valladolid. San Pablo de la Moraleja.
Talla del titular del convento.

Toledo. Iglesia de San Pedro Mártir. Sepulcros procedentes del antiguo convento de carmelitas.

Requena (valencia). Retablo mayor del templo.

Torresandino (Burgos). Retablo del antiguo convento de Los Valles.

Ávila. Catedral. Virgen del Carmen. Procedente del antiguo convento de Carmelitas. Antonio Paz.

Salamanca. Catedral. Virgen del Carmen, procedente de la desaparecida iglesia de Carmelitas de Salamanca. Atribuida a Los Paz.

Salamanca. Dibujo del desaparecido retablo de la capilla de la Tercera Orden del Carmen. Obra de Miguel Martín.

Salamanca. Virgen de Carmen.
Capilla de la Tercera Orden.
Alejandro Carnicero.

Salamanca. San Simón Stock. Capilla Tercera Orden del Carmen. Alejandro Carnicero.

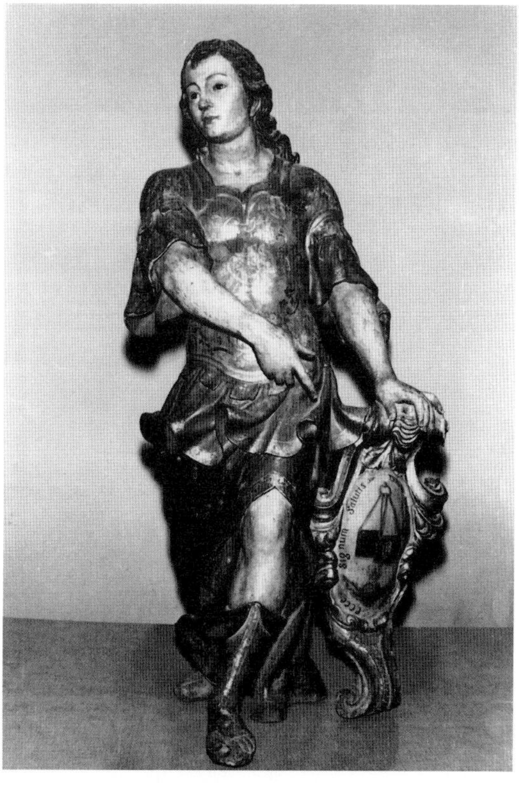

Salamanca. Ángel mancebo. En el mismo lugar y del mismo autor.

Verd.º Ret.º de N.ª S.ª del Carmen, como se ven.ª en la Tercera Orden de Salamanca a cuyas expensas se da al público, y la dedica a la Excma. Sra. Doña Isabel María Espínola de Espínola, Duquesa de Arion. Princesa de Morseta y Marquesa de Fresno, de Frías, y Condesa de Aro & c. El Illmo. Sr. D. Phelipe Bertrán concede 40 días de indulgencia a quien rezase una salve ante esta estampa.

Salamanca. Talla en piedra de la Virgen del Carmen, rescatada del antiguo convento.

Salamanca. Santa Teresa. Escultura barroca en la capilla de la Tercera Orden del Carmen.

La Alberca (Cuenca). Retablo mayor de la iglesia del convento del Carmen.

La Alberca (Cuenca). Cruz de Fray Francisco de la Cruz en el mismo templo.

La Alberca (Cuenca). Escudo de la Orden del Carmen.

Valladolid. Museo Nacional de Escultura. La Virgen del Carmen entregando el escapulario a San Simón Stock. Procedente de la antigua iglesia de carmelitas. Gregorio Fernández.

Grabado de la Virgen del Carmen de Gregorio Fernández de la antigua iglesia de Carmelitas de Valladolid, hecho por Tomás Solares en 1813. Se conserva en el archivo de la Tercera Orden del Carmen de Valladolid.

Santa María Magdalena de Pazzis. Depósito del Museo Nacional de Escultura (Valladolid). Procedente de la antigua iglesia de Carmelitas. Gregorio Fernández.

Valladolid. Museo Nacional de Escultura. Santa Teresa de Jesús.
Procedente del antiguo convento del Carmen. Gregorio Fernández.

Valladolid. Retablo mayor del Santuario de la Gran Promesa. Procedente del convento del Carmen de Medina del Campo. Muy reformado.

Valladolid. Santuario de la Gran Promesa. Calvario que corona el Retablo mayor.

Valladolid. Santuario de la Gran Promesa. Santa Ana y la Virgen con el Niño. Procedente del convento del Carmen de Medina del Campo. Maestros de Toro.

Madrid. Iglesia parroquial del Carmen (junto a la Puerta del Sol). Talla barroca de la Virgen del Carmen. Juan Sánchez Barba.

Madrid. Púlpito de mármol en la misma iglesia.

Madrid. San Elías. Irlanda (National Gallery of Ireland). Procedente de la antigua iglesia del Carmen. Manuel Gutiérrez.

Segovia. Iglesia de Carmelitas Descalzos. La Virgen del Carmen entregando el escapulario a San Simón Stock. Procedente de la iglesia del antiguo templo del Carmen junto al Acueducto.

Segovia. Iglesia de Carmelitas Descalzos. San Franco de Sena. Procedente del antiguo templo del Carmen.

San Pablo de La Moraleja. Retablo barroco de la antigua iglesia.

Medina del Campo (Valladolid). Parroquia de San Miguel. Imagen de San José con el Niño. Procedente del convento de Santa Ana.

Madrid. Parroquia del Carmen. Capilla de la Tercera Orden. Virgen del Carmen. Francisco Palma.

Valladolid. Parroquia de Ntra. Sra. de El Henar.
Virgen del Carmen. Ramón Lapayese.

Salamanca. Capilla de la Tercera Orden del Carmen. San Juan de la Cruz
y detalle de la misma imagen. José Barbero Gor.

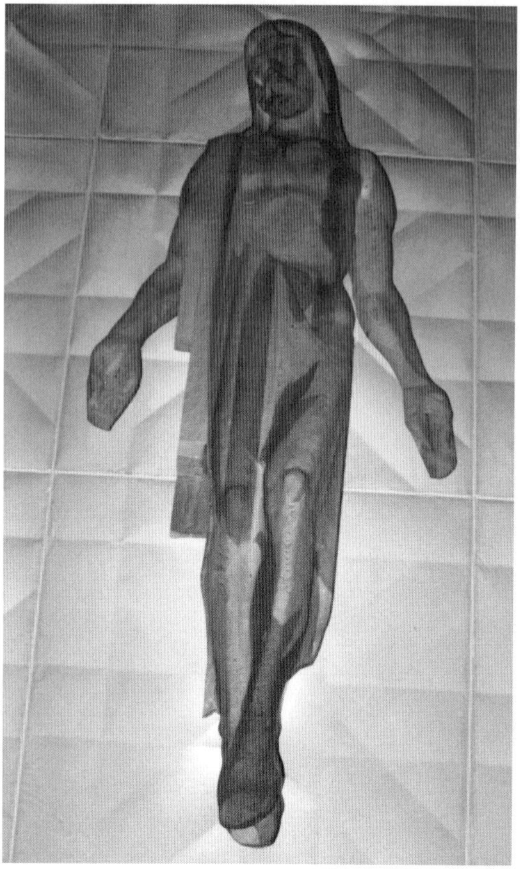

Madrid. Parroquia Flor del Carmelo. Cristo resucitado. Hermanos Ortega.

Madrid. Talla de la Virgen en el mismo templo y de los mismos autores.

Sevilla. Parroquia de San Lorenzo. Talla en alabastro procedente de la Casa Grande del Carmen de la misma ciudad. Escapulario superpuesto.

Osuna (Sevilla). Retablo mayor de la iglesia del Carmen. Escultor Oviedo.

Osuna (Sevilla). Retablo de Santa Teresa en la misma iglesia.

Castro del Río (Córdoba). Retablo mayor de la iglesia del Carmen.

Sevilla. Iglesia del Buen Suceso. Retablo de San Alberto.

Sevilla. Iglesia del Buen Suceso. Santa Teresa de Jesús. Alonso Cano.

Sevilla. Iglesia del Buen Suceso. Santa Ana y la Virgen Niña. Martínez Montañés.

Écija (Sevilla). Retablos barrocos de la iglesia del Carmen.

Écija (Sevilla). Detalle barroco en la misma iglesia.

Écija (Sevilla). Paso del Descendimiento.

Antequera (Málaga). Templo del antiguo convento del Carmen.
Retablo barroco. Antonio Primo.

Iglesia de la Muela (Cádiz). San Elías.
Procedente del desierto del Juncal.

Córdoba. Iglesia del Carmen. San Elías.

Trigueros (Huelva). Iglesia del Carmen.
Imagen de la Inmaculada.

Córdoba. Iglesia del Carmen.
Santa Teresa de Jesús.

Santa María Magdalena de Pazzis.
En la misma iglesia.

Sevilla. Iglesia del Buen Suceso. Beato Tito Brandsma. Juan E. Abascal.

Madrid. Parroquia de Los Misterios. Virgen del Carmen. Juan E. Abascal.

Madrid. Parroquia de Los Misterios.
San José. Juan E. Abascal.

Madrid. San Antonio de Padua. En
el mismo templo y del mismo autor.

PORTUGAL

Moura (Portugal). Imagen de la Virgen.

Moura (Portugal). Imagen de San Elías.

Moura (Portugal). Iglesia del Carmen.
Esculturas de Manuel Machado.

Lisboa. Retablo mayor del convento del Carmen.

Lisboa. Capilla de la Tercera Orden del Carmen.

Lisboa. San Elías en la misma capilla.

Colares (Portugal). Altar mayor del convento.

Colares (Portugal). Puerta de una de las dependencias.

Évora (Portugal). Retablo mayor del convento. João Luis Botlho.

Évora (Portugal). Retablo de Ntra. Sra. del Carmen. En la misma iglesia y del mismo entallador.

Évora (Portugal). Otros retablos del mismo templo.

Évora (Portugal). Iglesia de Ntra. Sra. del Carmen. Detalle de la tribuna.

Lisboa. Parroquia del Sacramento. Descendimiento. Procede de la iglesia del Carmen.

Coimbra (Portugal). Iglesia del Carmen.
Retablo mayor. Gaspar Domingos Coelho.

Coimbra (Portugal). Ntra. Sra. del Carmen.
En la misma iglesia.

Lisboa. Capilla de la Tercera Orden del Carmen. San Nuño Álvarez Pereira.

Lisboa. San Elías en la misma capilla.

Setúbal (Portugal).
San Elías. En el
mismo lugar.

Setúbal (Portugal).
Capilla del antiguo
convento. Imagen de
Ntra. Sra. del Carmen.

Vidigueira (Portugal).
Iglesia de San Francisco.
Santa Efigenia (legendaria).
Procede del antiguo
convento del Carmen.

Faro (Portugal). Iglesia del Carmen.
Imagen titular del mismo nombre.
Manuel Martins.

Faro (Portugal). San Juan Bautista. En el mismo templo y del mismo escultor.

Faro (Portugal). Retablo mayor del templo del Carmen. Manuel Martins.

Faro (Portugal). Cristo en la columna y Cristo crucificado.
En el mismo templo y del mismo autor.

Faro (Portugal). Iglesia del Carmen.
Capilla de los Huesos.

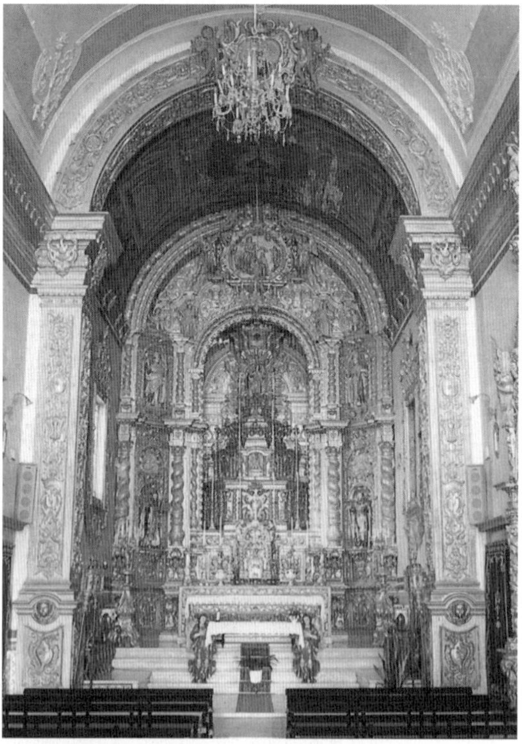

Faro (Portugal). Iglesia del Carmen.
Retablos en el templo.

Faro (Portugal). Iglesia del Carmen. Distintas imágenes.

Beja (Portugal). Iglesia de Ntra. Sra. del Carmen. Retablo de la Virgen titular.

Beja (Portugal). Iglesia de Ntra. Sra. del Carmen.
Retablos laterales.

Viseu (Portugal). Iglesia de Ntra. Sra. del Carmen. Retablos.

Funchal (Madeira-Portugal). Interior de la iglesia de Ntra. Sra. del Carmen.

Funchal (Madeira-Portugal).
Sepulcro en el interior del mismo.

Horta (Azores-Portugal). Interior del templo del Carmen.

Moura (Portugal). Calvario.

Lagos (Portugal). Iglesia matriz. Virgen del Carmen procedente del antiguo convento de la Concepción.

Sameiro (Portugal). Seminario Carmelita. Ntra. Sra. del Carmen. Carvalheira.

CONVENTOS DE MONJAS . CASAS DE CONGREGACIONES DE VIDA ACTIVA

Granada. Vista general del templo de las carmelitas.

Granada. Cristo crucificado.

Granada. Iglesia de las carmelitas. La Gran Madre. Atribuida a José de Mora.

Granada. Iglesia de las carmelitas. San José. Agustín Vera.

Granada. Templo de las carmelitas.
Cristo a la columna.

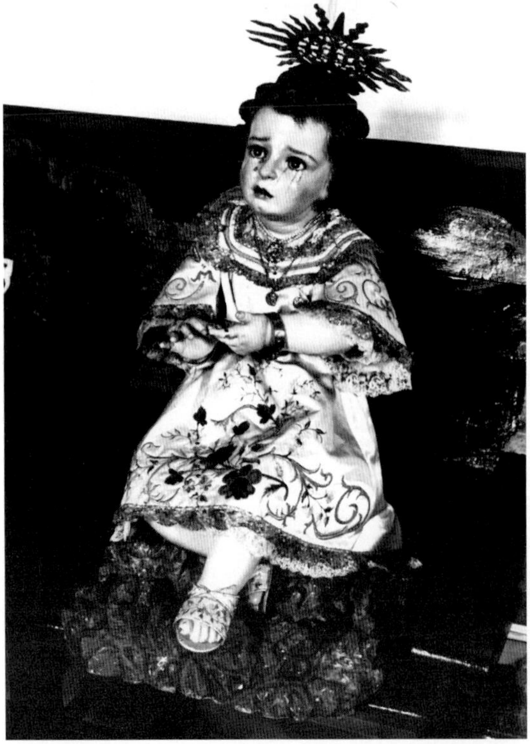

Granada. Niño Jesús
en el mismo templo.

Antequera (Málaga). Convento de La Encarnación. Retablo de la Virgen del Carmen. Diego Márquez.

Antequera (Málaga). Convento de La Encarnación. Retablo de Antonio Palomino.

Antequera (Málaga). Iglesia de La Encarnación. San José. Andrés de Carvajal.

Antequera (Málaga). Iglesia de La Encarnación. Tallas del niño Jesús. Miguel Márquez.

Antequera (Málaga). Convento de La Encarnación. Virgen del Carmen.

Antequera (Málaga).
Convento de La Encarnación.
San Juanito (s. XVII). Peana (s. XVIII).

Sevilla. Iglesia del convento de Santa Ana.
Retablo mayor del templo.

Sevilla. Convento de Santa Ana.
Cristo a la columna en el mismo
templo. Pedro Roldán.

Sevilla. Iglesia del convento de Santa Ana. Imagen de la Santa del mismo nombre y la Virgen Niña. Martínez Montañés.

Sevilla. Iglesia del convento de Santa Ana. San Juan Bautista. Martínez Montañés.

Utrera (Sevilla). Iglesia de MM. Carmelitas. Talla del niño Jesús.

Utrera (Sevilla). Talla de San Elías. En la misma iglesia.

Aracena (Huelva). Convento de Santa Catalina. Retablo mayor.

Osuna (Sevilla). Convento de San Pedro. Retablo mayor.

Villalba del Alcor (Huelva). Iglesia de carmelitas de San Juan Bautista. Retablo mayor.

Villalba del Alcor (Huelva). Retablo de Santa Teresa en el mismo templo.

Villalba del Alcor (Huelva). Artesonado del templo.

Madrid. Retablo mayor del antiguo convento de Ntra. Sra. de Las Maravillas (hoy parroquia de S. Justo y Pastor). Plaza del 2 de mayo. Obra de Miguel Fernández.

Madrid. Antigua iglesia del convento de Ntra. Sra. de Las Maravillas. Escultura de San Elías. Francisco Gutiérrez.

Madrid. Escultura de Santa Teresa en el mismo templo y del mismo autor.

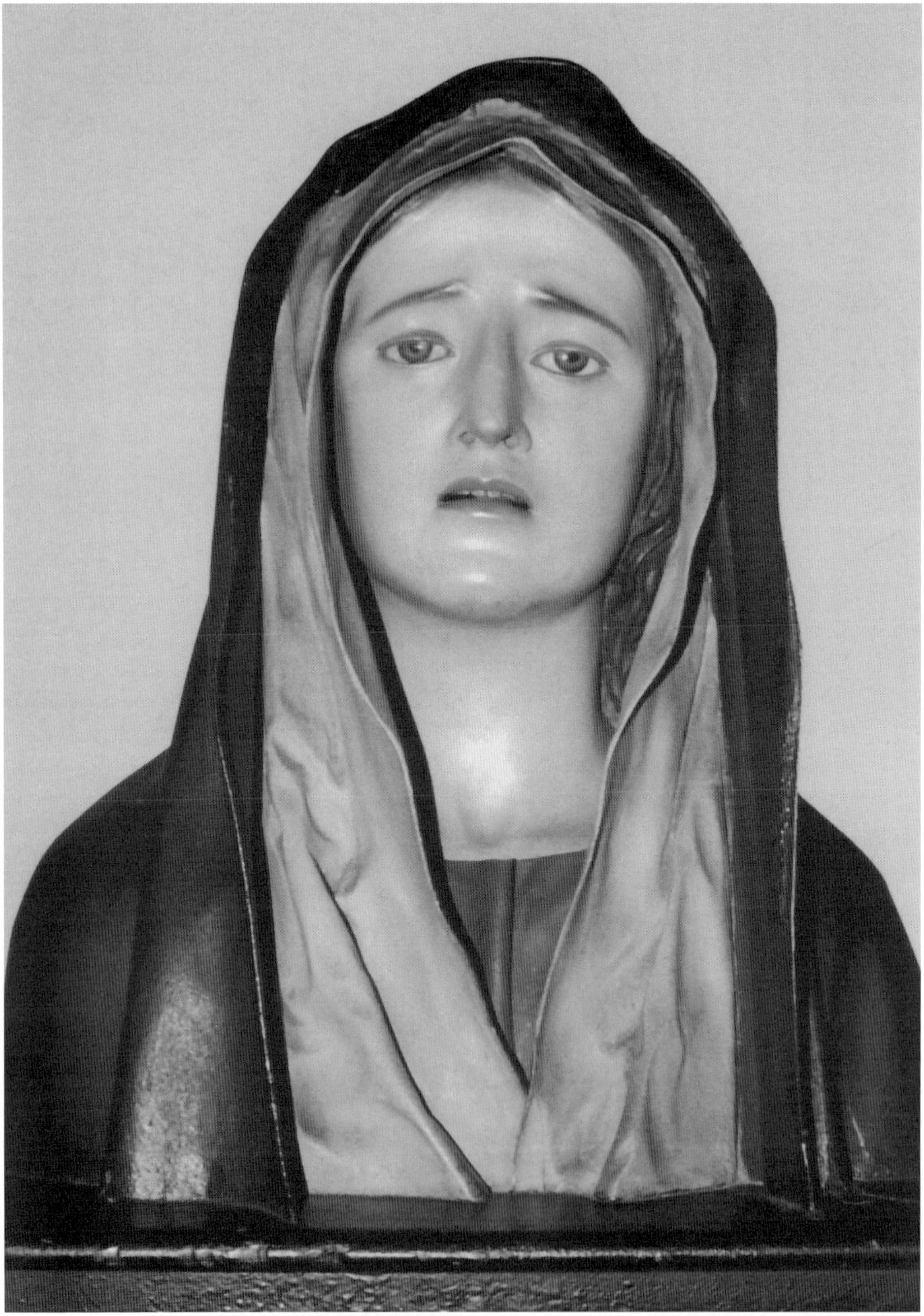

Madrid. Clausura del convento de Ntra. Sra. de Las Maravillas (c/ Príncipe de Vergara, 23). Busto de la Dolorosa. Pedro de Mena.

Madrid. Clausura del convento de Ntra. Sra. de Las Maravillas (c/ Príncipe de Vergara, 23).
Busto del Ecce Homo. Pedro de Mena.

Madrid. Clausura del convento de Ntra. Sra. de Las Maravillas (c/ Príncipe de Vergara, 23). Busto de la Dolorosa. José de Mora.

Ecce Homo. En el mismo lugar que la anterior.

Madrid. Templo conventual MM. Carmelitas de clausura. Retablo de la Virgen de Altagracia. Federico Caullault.

Piedrahíta (Ávila). Iglesia de MM. Carmelitas.
Talla gótica de la Virgen.

Retablo barroco en el mismo
lugar y convento.

Piedrahíta (Ávila). Iglesia del convento
de MM. Carmelitas. Santa Teresa.

Piedrahíta (Ávila). Museo del convento
de carmelitas. San Juanitos.

Fontiveros (Ávila). Convento de la Madre de Dios. Talla de la Virgen (s. XIII).

Valencia. Convento de La Encarnación. Talla de la Moreneta.

La Virgen entregando el escapulario a San Simón. En el mismo lugar que la anterior.

Valencia. Iglesia de La Encarnación. Inaugurada en 1961.

Huesca. Iglesia de MM. Carmelitas. San Miguel. Virgen del Carmen. Pedro Gil, S. J.

Zaragoza. Templo de MM. Carmelitas.
Virgen del Carmen. Manuel Arcón Pérez.

Zaragoza. Templo de MM. Carmelitas.
San José. Manuel Arcón Pérez.

Zaragoza. Templo de MM. Carmelitas.
Anunciación. Manuel Arcón Pérez.

Vich (Barcelona). Retablo del antiguo convento de MM. Carmelitas. Desaparecido en 1936.

Bañolas (Gerona). Retablo de la iglesia del convento de MM. Carmelitas.

Tárrega. Iglesia de MM. Carmelitas. Retablo de Ntra. Sra. del Carmen. Tomás Bel.

Tentúgal (Portugal). Retablo de la iglesia de las carmelitas.

Imágenes en el mismo templo.

Orihuela (Alicante). Casa madre de las HH. de la Bienaventurada Virgen María del Monte Carmelo. Sepulcro de la Venerable Madre Elisea. José Soler Cardona.

PINTURA

PENÍNSULA IBÉRICA

Madrid. Museo del Prado. Pasajes de la vida de Cristo. Luis Alimbrot (1440). Procede del convento de La Encarnación de Valencia.

Londres. National Galery. San Juan Evangelista. Velázquez.
Procede del antiguo convento del Carmen de Sevilla.

Londres. National Galery. Inmaculada Concepción. Velázquez.
Procede del antiguo convento del Carmen de Sevilla.

Florencia. Palacio Pitti. Virgen con el Niño. Murillo.
Procede del antiguo convento del Carmen de Sevilla.

Londres. The Wallece Collection. Desposorios de la Virgen. Murillo.
Procede del antiguo convento del Carmen de Sevilla.

Boston. Museo de Bellas Artes.
San Cirilo de Constantinopla.
Zurbarán. Procede del colegio
de San Alberto de Sevilla.

Boston. Museo de Bellas Artes.
San Pedro Tomás. Zurbarán.
Procede del colegio de San
Alberto de Sevilla.

Alhama (Granada). Iglesia parroquial. Cristo sin cabeza. Alonso Cano.
Procede de la iglesia del Carmen de dicha ciudad.

Córdoba. Iglesia del convento del Carmen. Retablo mayor.. Rapto de San Elías. Valdés Leal.

Virgen del Carmen cubriendo con la capa blanca a santos carmelitas. Parte alta de retablo anterior.

Córdoba. Iglesia del convento del Carmen. San Elías Orante.
Valdés Leal. Forma parte del retablo mayor.

Córdoba. Iglesia del convento del Carmen. San Elías durmiendo bajo la sombra del árbol al huir de la persecución de Jezabel, en el retablo mayor. Valdés Leal.

Córdoba. Iglesia del convento del Carmen. Santas carmelitas. Lienzos en la predela del retablo mayor. Valdés Leal.

Córdoba. Iglesia del convento del Carmen. Santa Inés.
Valdés Leal. Lienzo en la predela del retablo mayor.

Granada. Museo de Bellas Artes.
Santa María Magdalena de Pazzis.
Pedro de Moya. (¿Procede del antiguo
convento de carmelitas?).

Granada. Iglesia de las MM.
Carmelitas. Inmaculada.

Antequera (Málaga). Museo Histórico. San Alberto de Sicilia rodeado de religiosos. Mohedano. Procede del convento del Carmen de la misma ciudad.

Antequera (Málaga). Convento de La Encarnación. Inmaculada (s. XVII).

Antequera (Málaga).
Convento de La Encarnación.
Divina Pastora (s. XIX).

Antequera (Málaga). Convento de La Encarnación. Anunciación (s. XVII).

San Elías (s. XVII).
En el mismo convento.

Osuna (Sevilla). Convento de MM. Carmelitas de San Pablo. San Joaquín, Santa Ana y la Virgen niña.

Utrera (Sevilla). Convento de MM. Carmelitas. Inmaculada.

Villalba del Alcor (Huelva). Convento de San Juan Bautista. Visión de una monja carmelita.

Ávila. Convento de La Encarnación.
Lienzo de la Virgen cobijando
bajo su manto a frailes y monjas
carmelitas (s. XIV).

Toledo. Museo de Santa Cruz. Calvario.
Pertenece al museo de Valladolid.
Procede del convento de carmelitas de
Medina del Campo.

Piedrahíta (Ávila). Convento de MM. Carmelitas. Cristo de la Paciencia. Alonso Cano.

Madrid. Iglesia del Carmen, junto a la Puerta del Sol. San Elías y San Eliseo. A. Pereda.

Madrid. Consejo de Estado (deposito del museo del Prado). San Alberto de Sicilia y San Ángel Mártir. A. Pereda.

Valencia. Convento de La Encarnación. Desposorios de Santa María Magdalena.

Valencia. Convento de La Encarnación. Santa Cena. Lienzo de Vicente López.

Valencia. Parroquia de San Isidoro.
Virgen entregando el escapulario a
San Simón Stock. Dr. Baños.

Zaragoza. Convento de La Encarnación. Huida a Egipto. ¿Juan Zabalo?

Goya. Colección particular. La Asunción procedente del convento del Carmen de Zaragoza.

Villafranca del Penedés (Barcelona). Convento de MM. Carmelitas. San José con el Niño entregando una pluma a Santa Teresa de Jesús.

Sádaba (Zaragoza). Iglesia parroquial. Aparición de la Virgen a un carmelita. Procede del antiguo convento de dicha ciudad.

San Alberto de Sicilia. En el mismo convento de Villafranca del Penedés..

Olot (Gerona). Iglesia del convento del Carmen. La Virgen amparando a las almas del Purgatorio. Lienzo atribuido a Tramulles.

Valencia. Parroquia de San Isidoro. Virgen entregando el escapulario a San Simón Stock. Dr. Baños.

Zaragoza. Convento de La Encarnación. Huida a Egipto. ¿Juan Zabalo?

Goya. Colección particular. La Asunción procedente del convento del Carmen de Zaragoza.

Évora (Portugal). Iglesia del convento del Carmen. Conversión de un caballero. Pero Nunes.

Évora (Portugal). Grupo de carmelitas.

Évora (Portugal). ¿El Obispo Teutonio de Braganza ayudando a Santa Teresa? en el mismo templo.

Torres Novas (Portugal). Iglesia del Carmen. Huída a Egipto. Pedro Vieira.

Viseu (Portugal). Iglesia del Carmen. Coronación de Ntra. Sra. en la bóveda de dicha iglesia. Pascoal José Parente.

Coimbra (Portugal). Iglesia de Ntra. Sra. del Carmen. Sacristía. Deposición del cuerpo de Cristo en el sepulcro (s. XVI). João de Ruão.

Funchal (Madeira-Portugal). Iglesia del Carmen. La Virgen de Carmen entregando el escapulario a San Simón Stock.

Moura (Portugal). San Andrés Corsini.
Domicilio de Dña. Teresa García.

Santuario de El Henar (Segovia).
San Juan de la Cruz joven.
Florentino Bocos, O.Carm. (1945-).

Beato Tito Brandsma en el
mismo lugar y del mismo autor.

ORFEBRERÍA . ARTES DECORATIVAS

PENÍNSULA IBÉRICA

Antequera (Málaga). Convento de La Encarnación.
Corona de la Virgen del Carmen.

Antequera (Málaga). Cáliz y otra corona
de plata en el mismo convento.

Villalba del Alcor (Huelva). Convento de carmelitas de San Juan Bautista. Distintas piezas de plata de los siglos XVII y XVIII. Arqueta, cruz procesional y custodia.

Villalba del Alcor (Huelva). Convento de carmelitas de San Juan Bautista. Naveta. Vinajeras. Sacras.

Córdoba. Iglesia del Carmen. Grabado con la Virgen y santos carmelitas.

Toledo. Museo de Santa Cruz. Custodia de Arfe. Procede de convento antiguo del Carmen de Valladolid.

Calatayud (Zaragoza). Imagen de la Virgen del Carmen y farol con el escudo del Carmen en hierro. C/ Carmen.

Zaragoza. Convento de La Encarnación. Custodia y Acetre de plata.

Jerez de la Frontera. Iglesia de PP. Carmelitas. Corona de la Virgen. José David.

Madrid. Iglesia del Monte Carmelo. C/ Ayala. Cádiz. José David.

Jerez de la Frontera. Corona de plata de la Virgen del Carmen. Emilio Landa.

Sevilla. Iglesia del Buen Suceso. Sagrario del orfebre Gabella Baeza.

Madrid. Órgano de la antigua iglesia del Carmen (junto a la Puerta del Sol). Organero Leandro García Martín.

Santuario de El Henar. Corona de la Virgen del Carmen y del Niño repujadas en oro. Granda.

Santuario de El Henar. Corona de la Virgen titular. Emilio Sánchez García.

Madrid. Iglesia de Ntra. Sra. de las Maravillas (c/ Príncipe de Vergara, 23). Vidrieras del coro bajo. La Virgen y San Elías.

Órgano de tubos en coro alto inaugurado el 22-XII-1991. En el mismo templo.

Valencia. Convento de La Encarnación. Azulejo (s. XVII). En el locutorio interior.

Valencia. Azulejo del altar mayor en la iglesia del mismo convento.

Manresa (Barcelona). Cerámica de la iglesia del Carmen. Museo Comarcal.

Escudo de la Orden del Carmen. Grabador Valls.

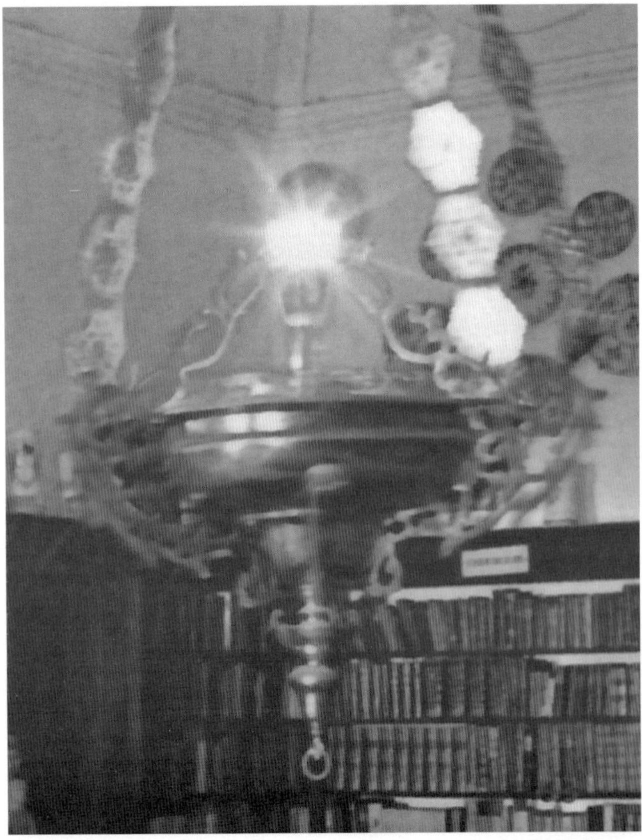

Valldemosa (Mallorca). Lámpara procedente del convento del Carmen de Palma.

Lisboa. Museo Nacional de Arte Antiguo. Relicario y Porta-paz procedente del convento de Vidigueira.

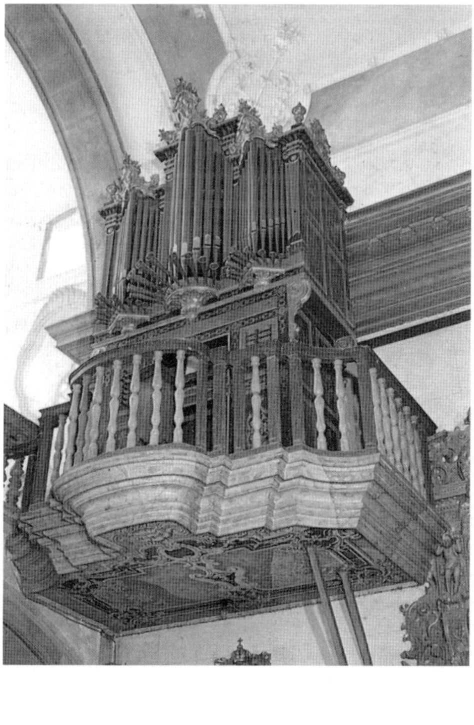

Faro (Portugal). Tribuna y órgano de la iglesia del Carmen.

Colares (Portugal). Convento del Carmen.
Azulejo en el claustro.

Colares (Portugal). Fray Francisco de la Cruz.
En el mismo lugar.

Coimbra (Portugal). Convento del Carmen. Azulejos con escenas de la vida de San Elías.

Funchal (Madeira-Portugal). Azulejo en el templo del Carmen.
La Virgen amparando a las almas del Purgatorio.

Lisboa. Museo Nacional
de Arte Antiguo. Sillón
procedente del convento del
Carmen de Tentúgal.

HOMBRES Y MUJERES DEL CARMELO IBÉRICO

CATALUÑA

Guido Terrena. General de la Orden del Carmen. Obispo de Mallorca y Elna. S. XIV.

Sello del Obispo Guido Terrena.

Bernardo Oller. General de la Orden del Carmen. S. XIV.

Juan Ballester. General de la Orden del Carmen. S. XIV.

M. Eulalia de la Cruz.

P. Juan Ferrer. Exclaustrado.

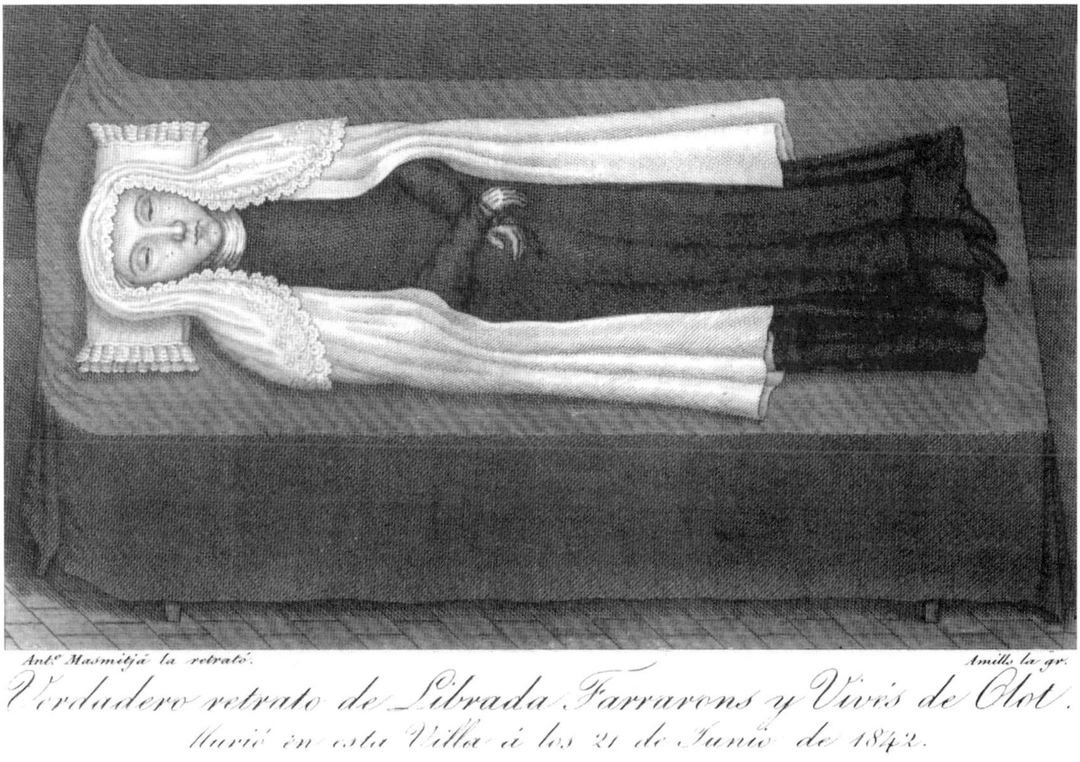

Librada o Liberada Ferrarons y Vives de Olot. Terciaria Carmelita. En proceso avanzado de canonización. (+21-06-1842).

Carmen de Sojo. Terciaria Carmelita de Barcelona.

Cardenal Joaquín Lluch y Garriga.
Exclaustrado.

P. José Barcóns y Saderra.
Exclaustrado.

ARAGÓN . VALENCIA . NAVARRA

Sancho de Ull. Obispo de Segorbe-Albarracín.

Venerable Miguel Ruzola López. S. XVI.

Venerable Juan Sanz. S. XVI.

Anastasio Vives y Rocamora. Obispo de Segorbe-Albarracín. S. XVII.

Raimundo Lumbier. Teólogo y predicador celebre. S. XVII.

José Antonio Jiménez.
General de la Orden.
S. XVIII.

Vicenta del Smo. Sacramento.
Terciaria. S. XVIII.

Luisa de Zaragoza. Terciaria.
S. XVIII.

Serafina Bonastre. S. XVI-XVII.

José Vicente Díaz Bravo. Obispo de Durango en Nueva Vizcaya (Méjico). S. XVIII.

Escudo de armas del mismo Obispo.

P. Roque Melchor. General de la Orden del Carmen. S. XVIII-XIX.

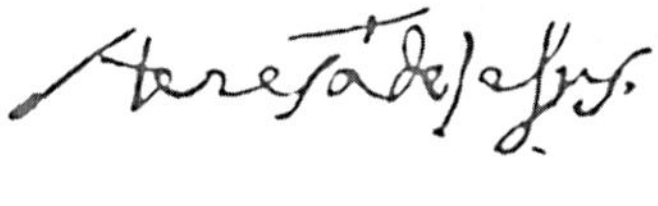

CASTILLA

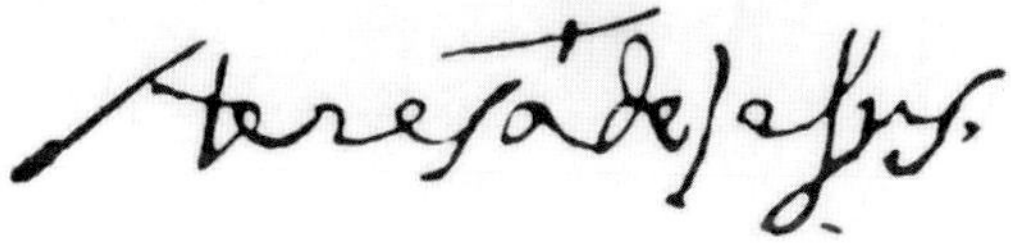

Santa Teresa de Jesús.

San Juan de la Cruz.

Francisco de Yepes. Terciario Carmelita.
Hermano de San Juan de la Cruz.

Venerable P. Miguel de la Fuente.
Escritor y Místico. S. XVI-XVII.

El mismo venerable en unas constituciones manuscritas de la congregación de la Virgen del Carmen.

Inés de Jesús. Terciaria Carmelita.
S. XVI-XVII.

V. María de Jesús y del Espino.
Monja en Piedrahíta. S. XVI-XVII.

Luis Pérez de Castro. Teólogo e historiador. S. XVII.

Fr. Francisco de la Cruz. Peregrinó a Tierra Santa con una cruz a cuestas.

Mateo Panduro y Villafañe. Obispo en América. S. XVII-XVIII.

Juan Feijoo de Villalobos. General de la Orden. Obispo de Guadix (Granada). S. XVII-XVIII.

Bernardo Serrada. Obispo de Cuzco durante los años 1725-1735.

Juan González. Famoso predicador exclaustrado.

P. Alfonso López (1906-2002).
Hombre apostólico. Poeta. Escritor.

P. Miguel Arribas (1932-). Biógrafo del Beato Tito Bradsma, Madrid 1984 y Roma 1998. *Historia del Santuario de El Henar,* 1984 y 1994.

ANDALUCÍA

P. Fernando Suárez. Sabio hombre de gobierno.
Pacheco, *Libro de descripción...*, Sevilla, 1599.

P. Agustín Nuñez Delgadillo. Gran teólogo y predicador.
Pacheco, *Libro de descripción...,* Sevilla, 1599.

Pedro de Carranza. Primer Obispo de Buenos Aires. Lienzo en la Sacristía de la Catedral del mismo nombre. S. XVI-XVII.

Juan Llamas Rivas. Obispo de Panamá. S. XVIII.

P. José Ortiz de Santa Bárbara. Varón de vida edificantísima (+ Sevilla 1785).

Juana Úrsula de San José, del convento de monjas de Granada. Dejó innumerables escritos. S. XVII.

Cristobalina Carrasco Reina. Religiosa de vida edificante del convento de La Encarnación de Antequera (Málaga). S. XVII-XVIII.

R. M. SOR MARÍA JOSEFA ENCARNACION AMARILLO Y JIMENEZ,

natural del Arahal, (Sevilla), murió de 68 años el 19 de Mayo de 1892. Fué Priora de este convento de San Pedro, de Osuna, de Carmelitas Calzadas, 33, y fué virtuosa y de gran disposicion, toda su vida se consagró á el bien de su comunidad y reparacion del convento: la última obra fué la del Templo que le vió en ruinas y llena de gran fe convocó á su escasa comunidad, varios señores del pueblo y otros de Sevilla y poniendo la obra bajo la proteccion de la Santísima Vírgen y de San José, dió comienzo con pocos recursos, esta duró tres años siendo Arzobispo de la Diócesis el Sr. Lluch y Garriga y su Auxiliar el Sr. D. Marcelo Spínola, el cual vino á ésta, bendijo el templo, celebró de Pontifical, predicó y profesó à las señoras novicias Sor Luisa del Castillo y Sor Manuela de Jesus Martinez siendo capellan de la comunidad el virtuoso Sacerdote D. Juan Burgos y Luque.

Todo para honra y gloria de Dios nuestro Señor.

Josefa de la Encarnación Amarillo Jiménez del convento de Osuna (Sevilla). Virtuosa y de gran disposición para ayudar a su convento. S. XIX-XX.

PORTUGAL

Génova. Vestición del hábito de Nuño Álvarez Pereira.

Baltasar Limpo. Obispo de Oporto. Arzobispo de Braga.

Amador Arrais.
Obispo de Portalegre.

Manuel de Santa Catalina.
Obispo de Cabo Verde.

Fabián dos Reis.
Obispo de Cabo Verde.

Bartolomeu do Pilas.
Obispo de Pará.

Francisco de Lima. Obispo de Pernambuco.

Carlos de S. José.
Obispo de Maranhão.

Inocencio Antonio de Neves.
Obispo de Algarve.

Luis de Rosario.
Celebre misionero.

Manuel Cardoso. Insigne compositor. S. XVI-XVII.

Manuel de Sá. Célebre historiador del Carmelo de Portugal.

José Pereira de Santana. Insigne historiador del Carmen de Portugal.
Lienzo en la Torre de Tombo (Lisboa).

ÉPOCA CONTEMPORÁNEA

M. Rdo. P. Rafael Sarria Colomer.

M. Rdo. P. Carmelo Moyano Linares. Beato.

Rdo. P. Alberto Marco Alemán. Beato.

Rdo. P. Ángel Prat Hostench. Beato.

Rdo. P. Fernando Llovera Puigsech. Beato.

Mártires de la Guerra Civil (1936-1939).

Rdo. P. José Mateos Carballido. Beato.

Rdo. P. Dionisio Bonfill Tatay.

Rdo. P. José Plana Puig.

Rdo. P. Anastasio Ballester Nebot.

Rdo. P. Eliseo Manéus Besalduch. Beato.

Mártires de la Guerra Civil (1936-1939).

Rdo. P. Eliseo Almela Clausell.

Rdo. P. Juan Bautista Ferre Vañó.

Rdo. P. Anastasio Dorca Coromina. Beato.

Rdo. P. Juan-Evangelista Muñoz Tornero.

Rdo. P. Gerardo Requena Algarra.

Mártires de la Guerra Civil (1936-1939).

Rdo. P. Redento Julve Ortells.

Rdo. P. Pedro-Tomás Carbó Adell.

Rdo. P. Esteban Bordás Querol.

Rdo. P. José González Delgado. Beato.

Rdo. P. Eduardo Serrano Buj. Beato.

Mártires de la Guerra Civil (1936-1939).

Fr. Eufrosino Raga Nadal.
Beato.

Fr. Jaime Carretero Rojas.
Beato.

Rdo. P. Eliseo Durán Cintas.
Beato.

Fr. Daniel García Antón.
Beato.

Mártires de la Guerra Civil (1936-1939).

Fr. Aurelio García Antón. Beato.

Fr. Francisco Pérez Pérez. Beato.

Fr. Adalberto Vicente Muñoz. Beato.

Fr. Silvano Villanueva González. Beato.

Fr. Ángel Sánchez Rodríguez. Beato.

Mártires de la Guerra Civil (1936-1939).

Fr. Angelo Reguilón Lobato. Beato.

Fr. Ludovico Mollá Grifo.

Fr. Bartolomé Fanti Andrés Vecilla. Beato.

Fr. Pedro Ferrer Martín. Beato.

Fr. Andrés Solé Rovira. Beato.

Mártires de la Guerra Civil (1936-1939).

Fr. Miguel Soler Sala. Beato.

Fr. Juan Puigmitjá Rubió. Beato.

Fr. Pedro-Tomás Prat Colldecarrera. Beato.

Hno. Gerardo Betí Bonfill.

Hno. Eliseo Camargo Montes. Beato.

Mártires de la Guerra Civil (1936-1939).

Hno. Ángel Presta Batlle.
Beato.

Hno. Eliseo Fontdecava
Quiroga. Beato.

Hno. José Escoto Ruiz.
Beato.

Hno. Elías Garre Egea.
Beato.

Hno. Ludovico Ayet Canós.
Beato.

Mártires de la Guerra Civil (1936-1939).

Hno. Vicente Saúch Brusca.

Hno. José Pascual Beneyto.

Hno. Simeón Manrique Rubio.

Hno. Pedro Velasco Narbona. Beato.

Mártires de la Guerra Civil (1936-1939).

Sor Elena del Carmen de Smo. Sacramento (+1935). Monja de vida edificante del convento de Antequera (Málaga).

María del Patrocinio de San José del convento de Vich (Barcelona). Mártir en la Guerra Civil (1936-1939). Beata.

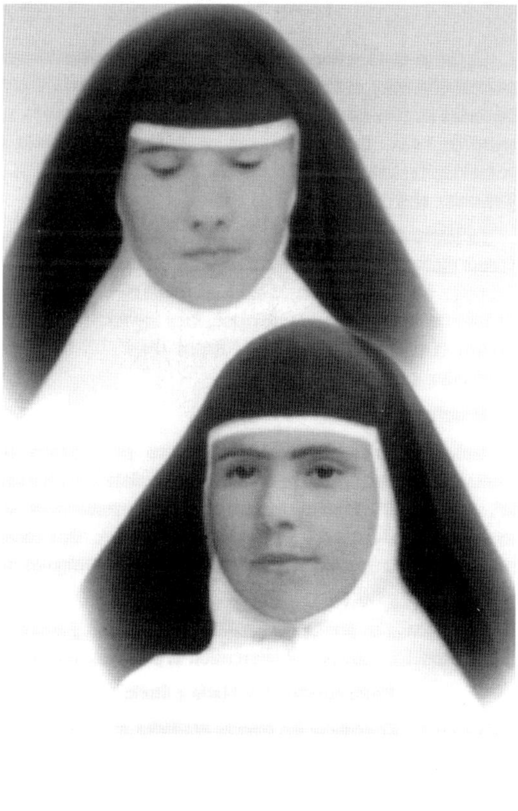

Las siervas de Dios: hermanas María Josefa y María Trinidad, religiosas carmelitas, martirizadas en 1936.

P. Luis Llop (+1945). Poeta. Literato.

Bartolomé Xiberta (+1967). Teólogo. Perito del Concilio Vaticano II. Incoado el proceso de canonización en Barcelona y cerrado en la fase diocesana.

P. Enrique María Esteve. Nació en Almazora (Castellón) el 8.VI.1905. Murió en Onda (Castellón) el 2.VIII.1990. Biblista.

P. Agustín Forcadell (1902-1988). Liturgista. Escritor de temas de su especialidad.

Elisea Oliver (+1931), fundadora de la congregación de HH. de la Virgen María del Monte Carmelo (Orihuela). Proceso de canonización en Roma.

Asunción Soler (+1959). Fundadora de las HH. Carmelitas del Sagrado Corazón (Málaga). Proceso de canonización ya en Roma.

Carmen Molero (+1972).
Monja de clausura.

Hna. Arcángela Badosa Cuatrecasas. San Juan de les Fonts (Gerona), el 16.VI.1878 - Elda (Alicante), el 27.XI.1918. Proceso de canonización ya en Roma.

María Cristina de la Eucaristía Alonso Alonso. Santander, 16.V.1930 - Barcelona, 3.V.1979. Monja del Monasterio de La Encarnación de Barcelona. Incoado el proceso de canonización.

María Carmen Crespo Roig. Beniarrés (Alicante) 25·III·1912 - Onteniente (Valencia) 4·II·2006. Monja de clausura. Incoado el proceso de canonización.

María do Pilar e da Santíssima Trindade (1921-1997). Vivió en Santander en el Carmelo de la Sagrada Familia de Torre de Moncorvo (Portugal).

D. Antonio Vitalino Fernandes Dantas. Obispo actual de Beja (Portugal).